냉장고 문 안쪽 테두리에 자석이 붙어 있어서, 냉장고 문이 저절로 닫히는 거야.

신용 카드, 나침반 등 우리 생활 곳곳에는 자석의 성질을 이용한 물건들이 많단다.

글 **김인숙**

충남 논산에서 태어나 대학교에서 영어영문학을 공부하였고, 지금은 어린이책 쓰는 일을 하고 있습니다. 그동안 <오천 년 지혜 담긴 건물 이야기>, <엽기발랄 안다박사의 요건 몰랐지?> 등 어린이들을 위해 많은 글을 썼으며, 어린이들이 재미있게 읽고 행복해할 수 있는 글을 쓰기 위해 노력하고 있습니다.

그림 **김영수**

대학에서 서양화를 공부했고, 현재는 일러스트레이터로 활동 중입니다. 그림을 그린 책으로는 <팔만대장경의 비밀>, <생활 속 사회 공부>, <생각의 길을 알려 주는 철학 나침반 1>, <버섯 인간과 마법의 식물>, <작은 콩 한 알> 등이 있습니다.

감수 **김중복**

고려대학교 물리학과를 졸업하고 한국과학기술원에서 이학박사 학위를 받았습니다. 현재는 한국교원대학교 물리교육과 교수를 맡고 있습니다. 그동안 쓴 책으로는 <과학교사를 위한 빛과 파동>, <파동과 진동> 등이 있습니다.

물체와 물질 · 자석 **23 철썩철썩 붙어라 자석**

김인숙 글 · 김영수 그림 · 김중복 감수
펴낸곳 (주)아람키즈 | 펴낸이 이소영 | 주소 서울특별시 성동구 성수이로 147, 아이에스비즈타워 2F
고객센터 1644-4521 | 팩스 02-468-5548 | 홈페이지 www.aramkids.co.kr | 출판등록 제2020-000011호
기획 · 편집 · 디자인 (주)아람키즈 하늘땅
ISBN 979-11-6543-532-5 979-11-6543-574-5(세트)

- 눈을 편안하게 해 주는 친환경 식물성 원료인 콩기름 잉크로 인쇄하였습니다.

▲ 책 모서리가 날카로워 다칠 수 있으니 사람을 향해 던지거나 떨어뜨리지 마십시오.
▲ 종이에 베이거나 긁힐 수 있으므로 주의해 주십시오.

철썩철썩 붙어라 자석

김인숙 글 · 김영수 그림 · 김중복 감수

아람키즈

석이는 **도서관***에서 아주 재미있는 책을 발견했어.
책 제목은 '철썩철썩 붙어라 자석'이었지.
"이 책을 빌려 가야겠다."

자석은 힘이 세요.
철로 만든 물건이라면 뭐든지 다
자석에 달라붙지요.

석이는 집에 오자마자 엄마에게 말했어.
"엄마, 집에 자석 있어요? 자석 좀 주세요."
엄마는 냉장고에 붙어 있던 병따개를 주며 말하셨어.
"병따개 뒤에 자석이 붙어 있단다."

그런데
자석으로 뭘 할 거야?
달그락
달그락
그락

엄마가 집안일을 하는 동안, 석이는 계속 달그락달그락 착착!

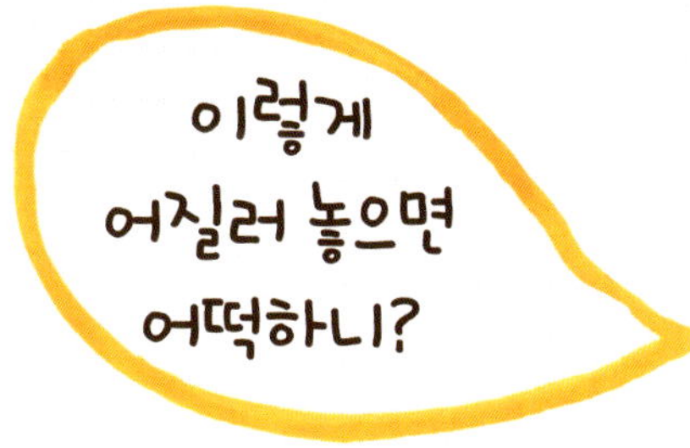

한참 뒤에 석이를 발견한 엄마는 깜짝 놀라셨어.
석이는 방긋 웃으며 말했어.
"엄마, 이것 좀 보세요.
책에 나와 있는 것처럼
자석은 힘이 엄청 세요."
"석이야, 어질러 놓은 거 빨리 치워!"

정리 정돈을 다한 석이는 다시 책을 읽었어.

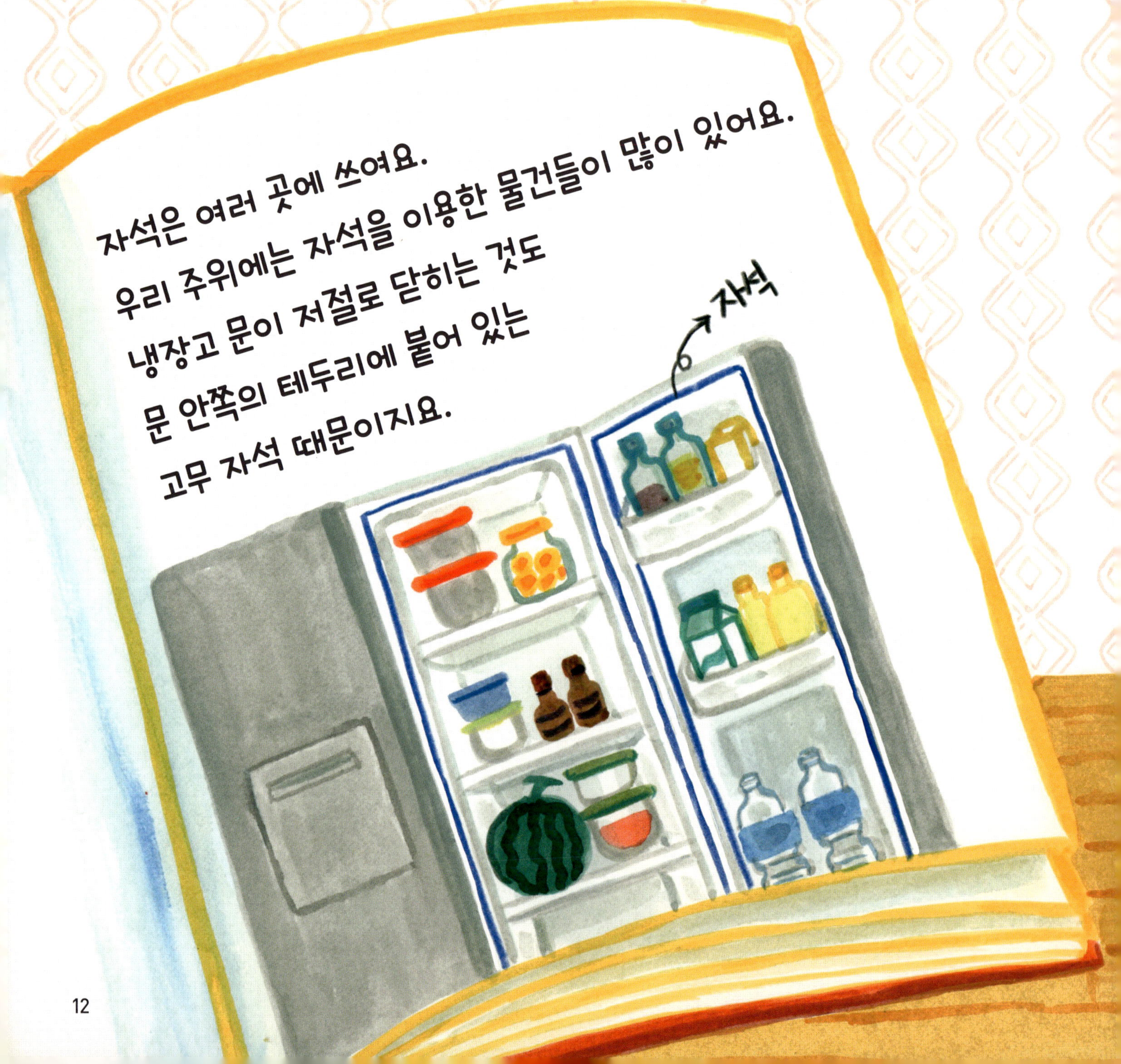

"냉장고 문 안쪽 테두리에 자석이 붙어 있다고?"
석이는 얼른 냉장고로 달려가
냉장고 문을 열 번도 넘게 열었다 닫았다 했어.

그러고 나서도 석이는 집 안 구석구석을 뒤져서
책에 나오는 물건들을 모조리 가져왔어.
그러고는 뜯어보고, 잘라도 보았지.
"아하, 이게 자석이었구나!"
석이는 기분이 좋았어.
그런데…….
"석이야, 이게 다 뭐야?"

싹둑

엄마는 화가 나면 정말 무서우셔.
석이는 얼른 치우고 얌전히 앉아 책을 읽었어.

"우아, 자석 양쪽에 클립들이 줄줄이 매달려 있네?"
석이는 가만있을 수 없었지.
궁금한 건 못 참으니까.
하지만 집에는 막대자석이 없었어.

석이는 아까 봐 둔 동전 자석이 떠올랐어.
석이는 동전 자석에 실을 묶었어.
그리고 동전 자석을 클립들 위로 가져갔어.
그랬더니 마술처럼 클립들이 달라붙었지.
엄마도 자석 놀이에 빠진 석이에게
더 이상 잔소리하지 않으셨어.

와! 신기하다! 정말 붙는다!

자석은 이상한 성질도 갖고 있어요.
막대자석 두 개를 가까이 대어 보면
같은 극끼리는 서로 밀어 내고,
다른 극끼리는 찰싹 붙어요.

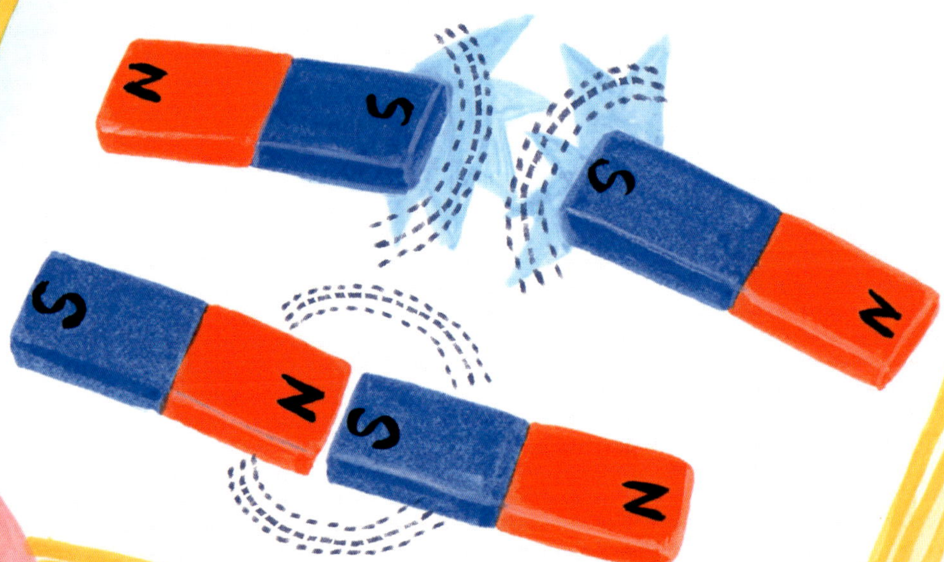

석이는 책을 읽고 또 눈이 똥그래졌어.

"어떨 땐 붙고, 어떨 땐 밀어 낸다고?"

이거야말로 해 보지 않고서
어떻게 알 수가 있겠어?
호기심 대장 석이는 결국 막대자석을 사러
밖에 나갔지.

이거?
네!
와, 막대자석이다!

석이는 막대자석을 두 개 사 가지고
신나게 집으로 돌아왔어.

석이는 책에서 본 대로 직접 해 보았어.
막대자석은 정말로 다른 색끼리는
가까이만 가도 척 달라붙으면서,

같은 색끼리는 아무리 붙이려고
힘을 줘도 자꾸만 밀어 냈지.

자석을 이용하면 참 편리해요.
지갑이나 필통도 쉽게 열고 닫을 수 있고,
무엇이든 편리하게 붙여 놓을 수 있어요.

석이는 다시 책을 읽다가 좋은 생각이 떠올랐어.

달그락달그락 뚝딱뚝딱!

엄마가 그 모습을 보고는 별수 없다는 듯이
한숨을 쉬셨지.

엄마,
이거 엄마 선물이에요!

자석은 정말 힘도 세고, 쓸모도 많았어.

신나는 과학놀이

문제 다음 중 **자석의 성질을 이용한 것이 아닌 것**을 고르세요.

① 
나침반

② 

신용 카드

③ 
가위

④ 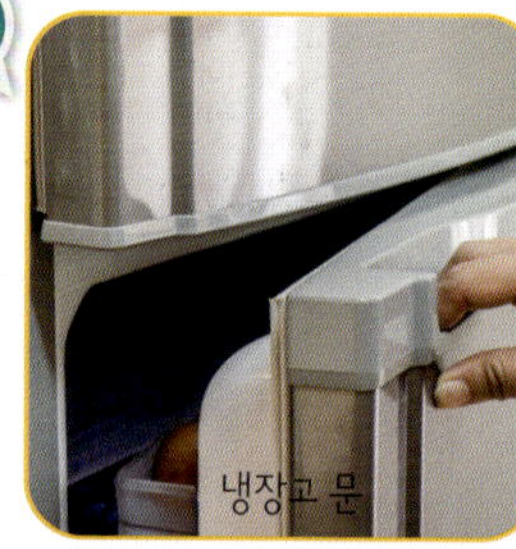
냉장고 문

정답은? ① ② ③ ④

문제 다음 중 자석의 여러 가지 성질 중 **잘못된 것**은 어느 것일까요?

① 막대자석은 같은 극끼리 서로 밀어 내요.

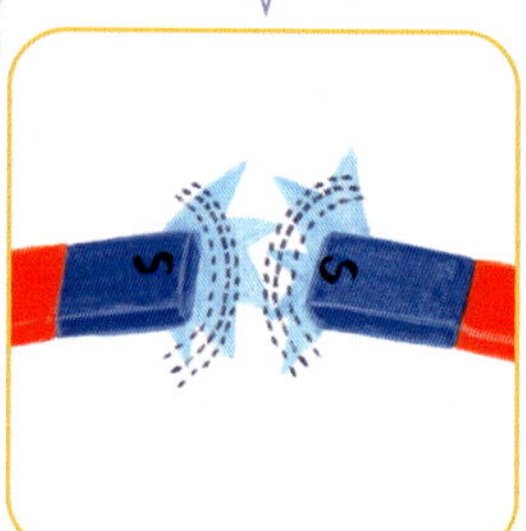

② 철로 된 물건들은 모두 달라붙어요.

③ 막대자석은 다른 극끼리는 찰싹 붙어요.

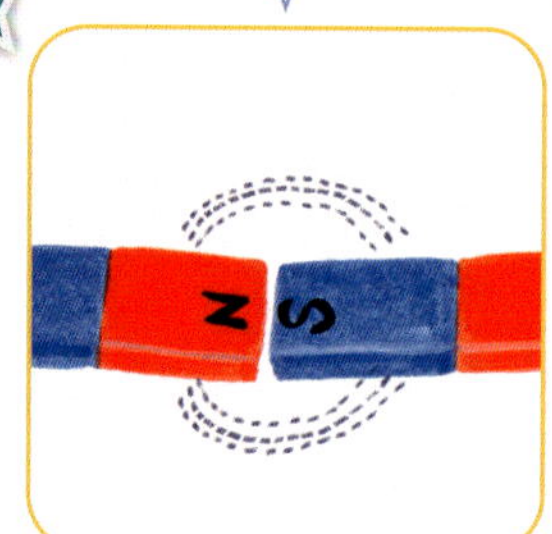

④ 막대자석의 양쪽 끝은 힘이 가장 약해요.

정답은? ① ② ③ ④

정답: 3, 4